MW01634866

BEAUTIFUL GUILIN

广西师范大学出版社

主　　编　黄理彪
副 主 编　李会先　滕　彬
责任编辑　唐长兴
策　　划　李会先　秦　杰
图片编辑　吕华昌
装帧设计　唐长兴
英文翻译　周昱麟　张　征
日文翻译　杨正文
德文翻译　杨　慧
法文翻译　韦玉兰
韩文翻译　权寿万
摄　　影　李会先　李亚石　文绍军　滕　彬
　　　　　吕华昌　秦　杰　张三勇　林　琳
　　　　　黄富旺　黄　雷　郭志勇　张　健

前　言

峰峦叠翠，江流如带，落霞飘起片片红帆，清风掠起一江水鸟和渔歌；月光如银，薄雾如纱，笼着脉脉的山水和炊烟，两三星渔火似漓江夜的眼睛在悄悄眨动；一缕缕晴岚搅着阳光缠绕在峡谷丛林间，争奇斗艳的石花石幔彩壁翠竹杂花野树随着摇曳的山影波光一齐涌来眼前……

千百年来，桂林的奇山秀水难以用语言叙说她怎样的美。

他们——桂林的一群生在青山绿水中的摄影家们，却要把这迷离恍惚的天籁、天造地设的奇诡，展示在你眼前。他们用自己灵感的快门去捕捉镜头，用心神之光去聚焦，用奇山秀水赋予的精气神去感悟世界，将一幅幅光与色、形与意、浓淡参差如我心的画图呈现给你。让你的眼、你的身心也跟着他们徘徊踟蹰在青山绿水间，一起追寻那个亘古不解的桂林山水美丽的幻梦。

Preface

Hills and mountains rising one higer than another in emerald green, the river flows as a green ribbon, flackes of red sails drift on the river with the sunset clouels floating in the air, a refreshing breeze skimmed over the water blowing up a flock of water—birds and the fishing song of the river; moonlight is as silver, mist just like gauze kerchief, the hills, the waters and the smoke from the kitchen chimneys are all shrouded in the moonlight and mist, two or three sparks of light on the fishing boat twinkling quietly as the eyes of Lijiang evening; wisps of vapour stir the sunlight curling up the valleys and jungles, fantastic and colourful stalactites of stone flowers, stone curtains, colour preipices, green bamboo groves, wild flowers and trees surges together towards right before your eyes with flickering reflection of the hills and wave light……

Over the past thousands and hundreds years, the beauty of the fantastic hills and clear waters in Guilin defies description.

They——a group of Guilin photographers who living among the blue hills and green waters, wish to display the misted and faint sounds of nature, the marvelious natural phenomena before your eyes. They seized the right moment to get good shots with their shutters of inspiration, focused with the light of their heart, and comprehended the world with the spirits the beautiful hills and waters entrusted to, respectfully presented pictures of light and colour, shape and idea, dark and light irregular as in my heart. Let your eyes, your hearts wandering among the blue hills and green waters with them, searching together the beautiful dream of the hills and waters in Guilin, which has not changed from immemorial.

VORWORT

Ob Sie Guilin, den Li-Fluß und Yangshuo mit der schönsten Landschaft unter dem Himmel besucht haben oder nicht, die wunderbaren Bilder von dieser Sammlung werden Sie in die Märchenwelt auf der Erde führen, in deren Schönheit Sie sich verlieren werde.

Guilin ist eine schöne Kulturstadt mit einer Geschichte von über 2000 Jahren. Grüne Berge, klares Wasser, wunderbare Höhlen, phantastische Steine und duftende Osmanthusblüten sind ihre fünf weltbekannten Besonderheiten. Elefantrüsselberg, der Berg der farbigen Schichten, der Berg Fubo, die Schilfrohrflöten-Höhle und die Sieben-Sternen-Höhle werden Sie sicher wundern. Wie ein grüner Seidenband windet sich der klare Li-Fluß durch unzählige Gipfel; mit einer Strecke von 83 km bindet er Guilin und Yangshuo zusammen. Kronengrotte, Gemäldeberg, die schöne. Kronengrotte, Gemäldeberg, die schöne Spiegelung im Flußstück Huangbu und die wunderbare Landschaft in Xingping, wie in einer natürlichen Kunstgalerie am Fluß,berauschen jeden Touristen.

Die Landschaft von Yangshuo ist am schönsten im Gebiet von Guilin. Lotosgipfel, der tausendjährige Banyan-Baum und der Mondberg liegen hier, in dieser idyllischen Welt.

In dieser Sammlung bieten wir 81 Landschaftsbilder von Guilin, dem Li-Fluß und Yangshuo, 9 Bilder von den Sitten und Gebrä uche der Nationalitäten im Nord-Guilin an.

Preface

Quoi que vous ayez été à Guilin, visité la Rivière Li ou admiré le paysage à Yangshuo renommé "Les Collines Fantastiques et L'Eau Limpide" vous font-en-trer dans un palais feerique devant lequel vous vous extasiez jusqu'à oublier le retour.

Guilin, une belle ville historique et culturelle, possède une histoire plus de 2000 ans. Elle est aussi l'une des villes les plus connues a l'étranger grâce à ses cinq caracté ristiques:la majesté des collines, la limpidité des eaux, l'étrangeté des collines, la limpidité des eaux, l'étrangeté des grottes, la beauté sé duisante desroches, l'odeur parfumée des fleures d'osmanthus. Et vous serez inspiré par les sites naturels de la Colline en Trompe d'Eléphant, la Colline aux Couleurs Accumulées, la Colline de Fubo, la Grotte de la Flûte de Roseau et la Grotte de Sept Etoiles, etc. La Rivière Li, l'eau limpide serpente parmi les collines comme unruban vert, le trajet, long de 83 km, constitue une galerie poetique de peinture à l'encre de Chine, y compris la Plage de Tissu Jaune, la Colline à Chevaux et la Plage à XinPing.

A Yangshuo, village de la ville de Guilin, seréunissent plein de sites séduisants: la Colline de Lotus, la Colline de Lune, le Banian de 1000 ans, etc. La Rivière Li, de la ville de Guilin a Yangshuo. offre aux touristes 81 tableaux naturels et 9 tableaux représentatifs du folklore du Nord de Guilin.

前　言

峰巒に嵐翠が畳み，江流が帯の如し。夕霞が片片たる赤い帆を漂わし，清風が江上の水鳥や漁歌を掠める。銀の如き月光と紗の如き薄霧が脈脈たる山水と炊煙に籠って，二、三点と散らばっている漁火が灕江の夜目の如くに，こっそりと瞬きしている。縷縷的な晴れた嵐気が陽光をかき攪して峡谷と叢林の間を纏っている。互いに奇抜を争い，艶美を挑む石の花・石の幔幕・彩る壁・翠緑の竹・野草・雑木なども揺曳した山影と波の光に従って一斉に眼前に涌出してくる……。

千百年来，桂林の山紫水明はその綺麗さがいったいどのようであろうか，言葉でとても言い難いのであった。

彼ら——桂林の青山碧水の中に生きている摂影家の人人は却って、そのぼんやりして恍惚たる天籟や天工で造り，地祇より設けた奇勝を貴方の眼前に展示しようとする。彼らは自分の靈感的なシャッタ—で鏡影を捕え，心神の光でピントを合わせ，山紫水明より賦与された精・気・神で世界に感応して，一幅一幅の光と色、形と意、濃淡参差我が本心の如き図画を貴方に献呈する。貴方の目と身心をそれらにしたがって青山碧水の間に徘徊彷徨わせて，一緒に大昔から分らない桂林山水の綺麗な夢幻を追求させるのである。

서　언

중중첩첩 산봉우리 그리고 비단띠와 같이 굽이굽이 흐르는 리강물을 바라보느라면 저녁노을이 붉은 빛을 받고 줄을 지어 돌아오는 돛배를 방불케 하며 부드럽게 불어오는 신선한 바람은 물새와 어부들의 노래를 싣고 가볍게 귓가를 스쳐갑니다.

저녁이 되면 달빛은 은빛을 뿌리고 얇은 안개는 면사포와 같습니다 들쑹날쑹 산봉우리 그리고 은근한 정을 가득 담고 흐르는 리강물을 바라보느라면 몽롱하고 아름다운 한폭의 수묵산수로 보이며 이곳저곳에서 반짝이는 어화는 깜박이는 리강밤의 눈빛인가 인정됩니다.

아침이 되면 햇님은 꿈과 같은 얇은 안개를 슬그머니 밀어버리고 산기슭과 수풀사이로 더없이 눈부신 금빛을 뿌려주며 기이한 형태와 그 아름다움을 서로 다투는 석화. 석막. 채벽. 청죽, 그리고 꽃들은 흔들거리는 도영과 파광이 한눈에 안겨오면서 사람들을 황홀하게 합니다.

천백년래 계림의 기이하고 아름다운 산수는 말로서는 그 아름다움을 형용하기 어렵습니다.

청산록수중에 살고 있는 계림의 촬영가들은 이 대자연이 만들어낸 기묘하고 아름다운 절경으로 사람들을 매혹시키며 몽롱한 꿈나라로 이끌고 있습니다. 그들은 초월적인 예술영감의 셧터로 더없이 아름다운 풍경을 찾고 심려의 빛으로 기이하고 아름다운 산수로부터 받은 왕성한 원기로 세계를 느끼고 빛과 색 그리고 형태와 정조로 종합된 한폭한폭의 마음속의 그림을 사람들에게 헌상하면서 사람들로 하여금 전신과 온마음을 청산록수중에 잠기게 하여 천백년래 따라오면서 말로서 형용하기 어려운 계림산수의 꿈나라로 찾아가게 합니다.

兴坪风光

A wonderful sight of Xingping Town.

興坪の風光

Landschaft von Xingping

Le spectale naturel à Xingpin

흥평풍광

象鼻山
Elephant Trunle Hill.
象鼻山
Elcfantenrüssel–Berg
La colline en trompe d'Elephant
코끼리산

驼峰秋色
Autumn scenery of Camel Peak.
駱駝峰の秋色
Kamel–Berg im Herbst
La colline au Chameau en automne
락타봉의 가을경치

叠彩山
Folded Brocade Hill/Diecai Hill
畳彩山
Diecai—Berg (Berg der farbigen Schicht
La colline aux couleurs accumulées
첩채산

桂林市区鸟瞰

A bird s—eye view of Guilin city

桂林市区の鳥瞰

Vogelschau über den Stadtbezirk von Guilin

La vue panoramique sur la ville de Guilin

계림시구를 조감

独秀峰
Solitary Beauty Peak.
独秀峰
Gipfel der einzigartigen Schönheit
Le pic solitaire
독수봉

南溪山
South Stream Hill
南溪山
Nanxi–Berg (Berg am südlichen Bach)
La colline du ruisseau au sud
남계산

塔山
Pagoda Hill
塔山
Pagodenberg
La colline à la pagode
탑산

桂海碑林
The Forest of Steles in Guilin.
桂海の碑の林
Guihai-Stelenwald
La forêt des stèles
계해비림

花桥
Guilin Flower Bridge.
花橋
Blumenbrücke
Le pont aux fleurs
화교

伏波晚霞
Both Subduing Wave Hill and the boat in the rive
were red under the sunset clouds.
伏波の夕焼け
Abendrot über Fubo－Berg
Le coucher du soleil a la colline Fubo
복파산의 저녘노을

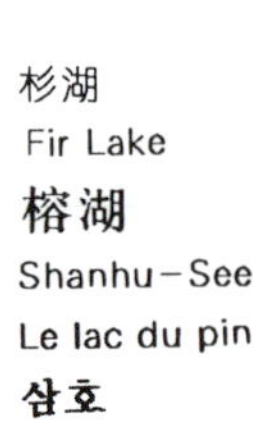

杉湖
Fir Lake
榕湖
Shanhu－See
Le lac du pin
삼호

芦笛岩
Reed Flute Cave.
蘆笛岩
Schilfrohrflöten-Höhle
La grotte de pipeau
노적암

漓江之晨
The morning charm of Lijiang River
灕江の晨
Morgen am Li-Fluβ
Le matin sur Rivière Li
리강의 아침

金山碧水皆含情
Both golden hills and green waters are with emotional appeal.
金山碧水皆情を含む
Zärtliche Berge und Wasser
Quelle imagination
정을 품은 금산벽수

漓江红帆
Red sailing boat on Lijiang River.
漓江の赤い帆
Rotes Segel auf dem Li-Fluß
La voile rouge sur la Rivière Li
리강의 붉은 돛

绿
Green
緑
Grüne
La verdure
푸른 강산

渔舟入画
Fishing boat in a picturesque scene.
漁舟画に入る
Bewöhner am Fluß
Le tableau d'une barque de pêcheur
그림에 남긴 고기배

夏日漓江
The morning of Lijiang River
夏日の灕江
Li-Fluβ im Sommer
La Rivière Li en été
리강의 여름

雾中仙
Celestial being in mist.
霧中の仙人
Im Nebel
Les fees dans la brume
안개속의 신선

江畔早霞
Rays of morning sunlight shining over the river bank.
江畔の朝焼け
Morgenrot am Fluβ
La rive au lever du soleil
강기슭의 아침노을

兴坪・僧尼山
Xinping, Buddhist monks and nuns hil
興坪の僧尼山
Xingping · Mönch–Nonne Berg
Xingpin · La colline des moines
흥평. 승여산

遇龙河风光
The scenery of Meeting Dragon River.(Yu Long River)
遇龍河の風光
Landschaft vom Yulong－Fluβ
Les paysages à YuLong
우용하 풍광

静中山影
In the still of the inverted image of the hills in the river.
静まる山影
Ruhige Spiegelung
Les collines tranquilles en rangées
고요한 물속의 산그림자

高田秀色
Beautiful scenery of Gaotian.
高田の秀麗な風光
Schöne Landschaft in Gaotian
Les paysages à Gaotian
고전 아름다운 경치

漓江梦幻
Lijiang River in a dream.
灕江夢幻
Traumhafter Li-Fluβ
Le rêve
리강의 몽환

江水悠悠，白云悠悠
The river flows leisurely and sluggishly, and the white clouds floats carefeely accross the sky
悠悠たる江水，悠悠たる白雲晨
Ruhiger Fluβ, ruhige Wolken
L'eau limpide, les nuages blancs
유유한 강물과 흰구름

漓江春雨
Lijiang River in spring rain.
灕江の春雨
Frühlinsregen über Li-Fluβ
La pluie de printemps sur Lijiang
리강에 내리는 봄비

江岸奇峰
Fantastic peaks on the bank of the river
江辺の奇峰
Bizarre berge am Fluβ.
Les pics étranges au bord de la Riviere
강안기봉

雾光破晓漓江晨

Morning Lijiang River at dawn in mist.

霧の光暁破る灕江の晨

Morgendämmerung am Fluβ

La lumiere brumeuse du mutin sur la Rivière

안개속에 동이 튼 리강의 아침

浪石风光
A beautiful scene of Langshi.
浪石の風光
Landschaft in Langshi
Les paysages à Langshi
랑석풍광

漓江晨捕

Morning fishing in Lijiang River.

灕江の　の捕捉

Morgenfischen im Li-Fluβ

La pêche du matin

리강에서 새벽 고기잡이

霞飞高田
Rosy clouds fly over Gaotian Town
霞が髙田を飛ぶ
Morgenrot über Gaotian
Le lever du soleil à Gaotian
고전의 아침노

帆影
The image of sailing boats.
帆影
Dschunke
Les reflets de voiles
돛그림자

漓江渔歌
Fishing song of Lijiang River.
灕江漁歌
Fischen im Li-Fluß
La chanson des pêcheurs sur la Rivière
리강에 흐르는 어부의 노래

山环水绕

The river flows meanderly with hills surrounded

山に囲まれ，水に纒われる

Umkreisung

Le relief et l'eau qui serpente à travers des collines

군산속을 에워도는 강물

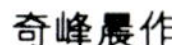
奇峰晨作

Ploughing in the light of the early morning sun at the foot of the fantastic hills.

奇峰の晨の耕作

Morgenarbeit

Le cime du matin

밭갈이 가는 농민

碧水・青山・蓝天・白云
Clear waters, green hills, blue sky and white cloudes.
碧水・青山・青空・白雲
Grünes Wasser · grune Berge · blauer Himmel · weiße Wolken
L'eau limpide, les collines vertes, le ciel bleu, les nuages blancs
벽수, 청산, 푸른 하늘, 흰구름

山雨欲来
Signs of approaching rain.
山雨来たらんと欲す
Gewitter im Anzug
Avant l'orage
비내릴 무렵

静静的风景
Still scenery.
静かで静かな風景
Ruhige Landschaft
La tranquillité des paysages
고요한 풍경

佳境
Beautiful landscape.
佳境
Schön
Un beau spectacle
가경

江天缥缈
Misty river and the sky.
江・天縹緲
Flußund Himmel verschwommen
A perte de vue
몽롱한 강과 하늘

桃红白沙
The red peach-trees in blossom in Baisha Town.
桃白沙を赤くそめる
Rote Pfirsichblüte in Baisha
Les fleurs rouges de pêcher à Baisha
복숭아꽃이 만발한 백사진

九马画山
Painted Cliff with Nine Hourses.
九馬の画山
Berg des Neun-Pferde-Gemaldes
La colline aux chevaux
구마화산

江峰竹影
The shadow of bamboo and green peaks refleted in the clear waters.
江峰の竹の影
Wasserspiegelung von Berggipfel und Bambus
Les reflets des bambous et des collines
리강물에 비낀 산과 대나무

船在青山顶上行
The boats sail on the top of the blue hills.
船が青山の頂を行く
Boot über Berggipfel
Le bateau navigue sur le reflet des sommets des collines
청산우에서 가는 배

碧水浮青山
Green hills floats on clear waters.
碧水が青山を浮かす
Grüne Berge auf grünem Wasser
Les collines flottent sur l'eau limpide
푸른물 위에 뜬 청산

江天一色
The same colour of the sky and the river.
江・天一色
Harmonie vom Himmel und Fluß
La rencontre de la rivière et du ciel
강천일색

绿了青山，黄了田头
The hills are green and the fields are yellow
青山が緑になり，田畑が黄になった
Grüne Berge, gelbe Felder
Les collines vertes, les risieres jaunes
푸른 산. 황금나락

初夏
Early summer.
夏の灕江
Anfangsommer
Le debut de l ete
초여름

落日归舟
Returning boat at sunset.
落日に帰り舟
Untergehende Sonne, zurückkehrender Boot
Le retour au coucher du soleil
석양에 돌아오는 배

雅韵
Simple and elegant lingering charm.
雅やかな風韻
Eleganz
Le charme
아운

田园晨曲
Morning song of the rural scenery.
田園の晨の楽曲
Morgenidylle
Le matin aux champs
전원신곡

杨堤春色
Spring scenery of Yangdi.
楊堤の春色
Frühlingslandschaft von Yangdi
Les paysages printaniers à Yangti
양제 봄경치

渔舟晚归
Fishing boat returning at sunset.
漁舟晩く帰る
Zuruckkehrender Fischboot
Le retour au coucher du soleil
늦게 돌아오는 고기배

江山多娇
Charming river and hills.
江山に愛嬌多し
Zauberhaft
Quels beaux paysages
아름다운 강산

山重水复
Countless mountains by the green water surrounded.
山が重なり,水が復す
Welt von Berge und Wasser
Le relief et l'eau qui serpente dans les collines
산중수복

晨作
Morning fishing
晨の耕作
Morgenfischen
Le travail au matin
아침 고기잡이

江岸翠竹
Green bamboo on the bank of Lijiang River.
江畔に翠り竹
Grünes Bambus am Fluβ
Les bambous verts sur la rive
강기슭의 푸른 대나무

蓝色印象——漓江

The blue impression of Lijiang River.

藍色の印象——灕江

Blauer Eindruck—Li-Fluβ

L'impression bleue de Lijiang

푸른 인상 — 리강

如梦春江

Spring river in a dream.

夢の如き春江

Traumhafter Frühlingsfluß

La Rivière mystérieuse au printemps

꿈같은 봄날의 리강

漓江秋韵

The autumn lingering charm of Lijiang River.

灕江の秋色

Herbstlicher Li-Fluß

La Rivière Li en automne

리강의 아름다운 가을경치

意犹未尽

Feeling unexhausted

意は未だ尽くさず

Fischen

Le travail n'est pas terminé

고기잡이에 재미든 가마우지

东岭晨曦

The morning sunlight over Dongling.

東嶺の晨光

Morgenrot über Dongling

Le lever du soleil à Donglin

동산고개의 아침햇살

群峰竞秀

The green hills rise sharply and compete each other for beauty.

群峰が秀逸を競う

Gipfelwelt

Les collines se rivalissent de beauté

아름다움을 다투는 뭇봉우리

沐浴
The hills are bathed in the golden rays of the morning sun.
沐浴
Bad in der Sonne
La lumiere du soleil à travers les beaux cimes de forêts
목욕

待捕
Waiting for fishing.
捕捉を待ち伏せに
FischRormoran
L'attente de la pêche
고기잡이 기다림

奇峰晨雾

Fantastic peaks in the morning mist.

奇峰の晨霧

Morgennebel über bizarre Gipfel

La brume du matin sur les collines étranges

기봉의 아침이슬

青山列队巧梳妆
Blue hills stand in a line dressing smartly.
青山隊列をして巧みに化粧する
Grüne Berge geordnet
L'alignement des collines en forme de cheveux peignes
줄을 지어 화장하고 있는 군산

落霞醉江天
The sky and the river were drunk with the sunset clouds red over.
夕霞が江・天を酔わせる
Abendrot über Li-Fluβ
Le coucher du solteil sur la Rivière
저녁노을에 도취된 강과 하늘

雾漫群峰
Mist all over the hilld
漫漫たる霧の中の群峰
Nebel über Berggipfel
La brume s etend sur les collines
안개 자욱한 뭇봉우리

下龙风光
A wonderful scene of Xialong.
下龍の風光
Landschaft von Xialong
Les paysages à Xialong
하용의 풍광

悠闲渔家人
Leisurely and carefree fisher folk
悠悠閑閑たる漁家人
Ruhiger Fischer
La vie insouciante
유한한 어부들

春到高田
Spring comes to Gaotian Town
春が高田に至る
Gaotian im Frühling
Le printemps à Gaotian
고전에 온 봄

阳光山水
Hills and waters in the sun.
陽光山水
Berge und Fluβ in der Sonne
Les paysages au soleil
양광산수

黄布滩
Yellow Cloth beach
黃布灘
Huangbu—Strand
La plage de Huangbu
황포탄

书童山
Shutong Hill
書童山
Schulbube—Berg
La colline feuille de Snutong
서동산

冠岩
Crown Cave
冠岩
Kronenberg
La grotte de couronne
관암

黄布滩日出
he sun is rising above yellow cloth shoal.
黄布灘の日の出
Sonnenaufgang am Huangbu-Strand
e lever du soleil à la plage de Huangbu
황포탄 일출

天耕
Ploughing in the terraced fields high into the sky.
天耕す
Pflügen auf dem Terrassenfeld
La culture sur les risières en terrasse
높은 산에서의 논갈이

收获的季节
Harvist season.
収獲の季節
Erntezeit
La saison de recolte
수확의 계절

只
Veaving
識る
Veberin
e TISSAGE
방직

苗家打油茶
Miao Nationality people making oil tea.
苗族人家が油茶を作る
Teekochen der Miao-Familie
Préparation du thé à l'huile chez les miao
묘족의 유차

斗牛
Bull—fight
鬥牛
Büffelkampf
Combat des buffles
투우

龙脊梯田
Terraced fields of Longji.
龍脊の段段畑
Terrassenfeld in Longji
Les risieres enterrasse à Longji
용승 계단식논

兴安・灵渠风光
A wonderful sight of Linqu in Xingan.
興安の靈渠風光
Xingan · Ling-Kanal
Les paysages du canal lingqu a Xingan
홍안. 령거풍광

李会先　Li Hui Xian

1948 年生，广西摄影家协会副主席，桂林市摄影家协会主席，其作品 20 多次在全国及省级影展中获奖，多次参加港澳台及日本、美国摄影展览，并在台湾举办桂林风光摄影作品个人展。曾获广西、桂林区市政府颁发的文艺最高奖——铜鼓奖和金桂奖。

李亚石　Li Ya Shi

从事摄影 30 年。前 14 年在军队搞摄影报道，1982 年转业到桂林市委宣传部新闻科，1985 年到桂林电视台当摄影师。擅长拍摄自然风光和民族风情题材，代表作有《桂林山水歌》、《龙脊》等。近年发表过摄影作品两百余幅，其中数十幅作品在国内外影展展出。

文绍军　Wen Shao Jun

1952 年生，桂林人。中国摄影家协会广西分会会员，桂林市摄影家协会副主席。1983 年从事摄影艺术创作以来，不少作品在全国摄影比赛中获奖，并到日本、新加坡等国展出。近年来又在报刊、摄影杂志及画册中发表作品，至今仍在不断努力，向艺术高峰攀登。

滕　彬　Teng Bin

生于 1962 年，属虎，性格刚强，桂林市摄影家协会会员，供职于桂林市新华书店，特别喜爱家乡桂林秀丽的风光，擅长于风光摄影，其作品构图新颖，意境深远，有几十幅作品被选入出版的各类反映桂林山水的摄影画集和明信片中。

吕华昌　Lu Hua Chang

老三届毕业，在歌舞团工作十几年后再到书店和书打交道。已过不惑之年才和摄影结缘，但对摄影执着而痴迷，专注而热情。并把以往的艺术感受和在书籍海洋中汲取的知识融于摄影创作之中，开拓出自己的崭新天地，构筑着自己的摄影之梦。

秦　杰　Qin Jie

1959 年生于桂林，中国摄影家协会广西分会会员，桂林市摄影家协会会员，桂林市新华书店少儿美术书店主任，擅长于风光静物摄影，作品多次收入反映桂林、漓江风光的各种画册中，并出有个人摄影专集。

张三勇 Zhang San Yong

1955年生于南宁，广西摄影家协会理事，桂林市摄影家协会副主席，桂林现代彩色冲印部经理。对摄影艺术有着浓厚的兴趣，作品《晨曲》、《雅》、《展》等获省市级影赛大奖，《画中游》入选中国举办的第七届国际影展，并获桂林市文艺最高奖——金桂奖。

林　琳 Lin Lin

生于1955年，桂林市摄影家协会会员，职业摄影师，桂林市林琳婚纱影楼经理，擅长于风光和婚纱人像摄影，在全国各地举办的摄影赛中多次获奖，其作品讲究构图，用光有鲜明的个性，并擅长暗房制作。

黄富旺 Huang Fu Wang

广西阳朔人，1963年生于漓江边，对美丽的漓江有着深厚的感情。多年来，为把家乡一幅幅美妙的画面摄于镜头、漓江边、山村里、渔船上洒下了辛勤的汗水，有上百幅作品入选各类山水摄影画集，作品《山娃》曾获“依尔福”全国黑白摄影大赛优秀奖。

黄　雷 Huang Lei

生于1954年，现任《桂林日报》摄影记者，市摄影家协会副秘书长。近年来所拍的新闻照片先后在全国影赛中获奖，其风光作品构思新颖，用光讲究，具有桂林山水般的独特风韵和浓郁的生活气息。

郭志勇 Guo Zhi yong

生于1949年，桂林市摄影家协会会员，1985年参加“中国摄影函授学院”学习而与摄影艺术结了缘。作品《奇峰竞秀》、《梦绕清漓》、《山如碧玉簪》曾获国家、省和台湾的影赛大奖，并在桂林市摄影家协会举办的影赛中多次获奖。

张　健 Zhang jian

生于1953年7月，桂林市摄影家协会会员。由于长期从事旅游工作，受美丽的桂林风光所熏陶，而喜爱上了摄影，走上了风光摄影的道路。其创作勤奋，崇尚自然，作品在全国性、省、市等摄影大赛中多次获奖。

美丽的桂林

桂林市摄影家协会　编
责任编辑:唐长兴　　　　装帧设计:唐长兴

广西师范大学出版社出版　　　　邮政编码:541001
(广西桂林市中华路 36 号)
桂林市新华书店发行　　　　利丰雅高印刷(深圳)有限公司印刷
*
开本:787×1092　　1/12　　印张:8
1996 年 11 月第 1 版　　　　1998 年 6 月第 2 次印刷
ISBN7—5633—2332—5/J・080
印数:6001—21000 册　　005500